AF440202

RAPPORT

SUR

LES PÈLERINAGES DU NORD

DE LA FRANCE

Lb57/4577

RAPPORT

SUR

LES PÈLERINAGES DU NORD

de la France

PRÉSENTÉ PAR

M. le comte Charles de NICOLAY

DANS

l'Assemblée générale des
Comités Catholiques de la province ecclésiastique
de Cambrai

Tenue à Lille, le 26 Octobre 1873

LILLE
IMPRIMERIE LEFEBVRE-DUCROCQ, RUE ESQUERMOISE, 57.
—
1874

Il y a bientôt un an, nous accourions de tous les points des diocèses de Cambrai et d'Arras, sur l'invitation d'un homme dont le nom est aimé et béni dans cette ville autant qu'il y est connu. Le grand mouvement des pèlerinages venait, comme le phare du salut, à l'horizon de notre détresse nationale, et il s'agissait d'étudier sans retard les moyens les plus propres à propager ce magnifique élan dans le Nord de la France.

Vous vous rappelez, Messieurs, ces discussions vives et amicales d'où sortirent des conclusions si pratiques. Vous vous rappelez aussi l'exposé intéressant et les conseils sages que vous fit entendre l'apôtre des pèlerinages, le R. Père Picard, dont alors l'expérience et plus tard l'activité nous ont été si utiles. L'écho des douleurs et des espérances de l'Alsace nous fut porté par un de ses enfants les plus dévoués, et rendez-vous vous fut donné pour bientôt aux pèlerinages de sa patrie.

Messieurs, c'est des fruits de cette réunion féconde que j'ai à vous entretenir en ce moment, fruits de prière, fruits d'activité, fruits de grâce, tels que seul en sait produire l'arbre de vie, l'arbre de vérité catholique.

Mais ce n'est point seulement la nomenclature des choses entreprises par vous dans l'ordre sacré de la prière que vous attendez de moi. C'en est encore moins l'éloge. Entre catholiques, on se réjouit du bien que

Dieu permet de faire, mais on regrette plus encore celui que l'on n'a pas fait. A Dieu la gloire, à nous la peine !

Ce que vous attendez de moi, Messieurs, c'est, avant tout, le reflet des admirables spectacles qui charmèrent votre piété, c'est l'écho des émotions profondes qui ont remué vos cœurs. Que ma voix n'est-elle la voix de vos souvenirs et de vos sentiments ! Comme elle serait plus éloquente !

Et maintenant reprenons en pensée le bâton du pèlerin ; remontons ensemble cette nouvelle échelle de Jacob, que les anges ont gravie avec nous, et dont le premier échelon repose sur la chaire même de Pierre. Oui, Messieurs, c'est du Vatican, centre de toute vérité, qu'est parti l'élan catholique qui bientôt renouvellera le monde. C'était peu de jours après la prise de Rome. Tout était désespéré. Quelques-uns de ces chrétiens admirables, dont la foi soulève les montagnes, allèrent se jeter aux pieds du Vicaire de Jésus-Christ. « Très-Saint « Père, disaient-ils, l'heure de la grande tribulation est « arrivée, que pouvons-nous faire pour vous venir en « aide ? — Les gouvernements m'abandonnent, répondit « Pie IX, je n'ai plus d'espérance que dans le peuple « chrétien, qu'il se lève ! » Et à peine ces paroles étaient-elle tombées sur ces cœurs fidèles, que déjà s'élevait vers le trône de Dieu l'harmonie des prières publiques. Pendant deux années entières, la Westphalie, l'Autriche, et la catholique Belgique firent assaut de pèlerinages. Dans les vallées reculées des Alpes aussi bien que dans les campagnes de la Flandre, on n'entendait qu'une prière : O Dieu, sauvez Pie IX !

Pendant ce temps, que faisait la France ? Messieurs, elle expiait ! Mais bientôt, pour elle aussi, vint l'heure de la prière.

Ce fut vers la Salette et Lourdes, vers ces lieux sanctifiés par la présence de la Vierge immaculée que volèrent les premiers pèlerins. Vous n'avez pas oublié, Messieurs, les glorieuses péripéties de ces premiers pèlerinages nationaux. A Grenoble et à Nantes, les pèlerins eurent l'insigne honneur de souffrir, pour le nom de Notre Seigneur Jésus-Christ, les insultes d'une foule égarée ! Heureuses injures, semences fécondes d'où sont sorties tant de prières et tant de grâces. L'élan était donné !

On eut beau dire, Messieurs, que les pèlerinages ne sont plus dans nos mœurs ! Dieu releva le gant jeté par une incrédulité hautaine. Quelques mois à peine s'étaient écoulés, et cinquante mille pèlerins avaient fait rentrer en France, avec l'habitude des pèlerinages, la faveur de Dieu, sa miséricorde et le salut de tout un peuple. Telles sont nos origines. Voyons maintenant quelle part importante les diocèses de Cambrai et d'Arras ont pris à cette croisade de prières.

Le soir même de la réunion dont je vous entretenais tout à l'heure, une section dite des pèlerinages s'était formée au sein du Comité catholique de Lille. Peu de jours après, ceux d'Arras, de Boulogne, de Béthune, de Dunkerque et de Valenciennes avaient suivi cet exemple. Le premier à s'organiser, le Comité de Lille fut le premier à agir. Son essai fut le pèlerinage de Chartres. Soixante-dix pèlerins répondirent à son appel. Ah ! Messieurs, que n'ai-je ici le temps de célébrer les pieuses magnificences de ces grandes journées où plus de quarante mille pèlerins vinrent s'agenouiller aux pieds de la Vierge vénérée autrefois par les Druides ! Que ne puis-je vous retracer le frémissement d'admiration qui se répandit dans l'immense cathédrale, lorsque, le matin à huit heures, on vit quatre-vingt députés et quelques-uns de nos officiers les plus vaillants s'approcher ensemble de la sainte Table ! Ce jour-là, Messieurs, la France officielle rompait, aux pieds de Marie, avec quatre-vingts ans d'indifférence et de respect humain. Dieu toujours fidèle l'en à récompensée.

Ce fut à Chartres aussi qu'apparurent, pour la première fois, les croix de pèlerinage. Le 13 mai, les pèlerins de Rome avaient eu le bonheur de recevoir de la main du cardinal Borromeo ces pieux insignes voulus et bénis par le Saint-Père. Le lendemain, anniversaire de la naissance de Pie IX, ces mêmes pèlerins se rendaient, ornés de ces croix, à la crypte de Saint-Pierre. Là, au moment de leur donner le céleste pain du voyageur, le cardinal Borromeo les nomma pèlerins du Christ en leur rappelant que, dans les pèlerinages, le Chrétien doit chercher la croix et Dieu. Depuis lors, Messieurs, ces insignes sont devenus populaires et il n'est pas un de nos pèlerinages où un grand nombre d'entre-nous n'ait arboré la croix du pèlerin.

Après Chartres vint Paray-le-Monial. Paray-le-Monial, vous le savez, Messieurs, c'est le pèlerinage de la reconnaissance, c'est l'effusion de l'âme se répandant toute entière au pied de son Divin Rédempteur, et s'écriant dans un indicible élan d'amour, de bonheur et de repen-

tir : « Merci mon Dieu, merci de m'avoir racheté!!! »
Paray-le-Monial c'est aussi le pèlerinage des espérances
de la France. Combien de motifs nous y appelaient!

Avant même l'établissement de la Commission des
pèlerinages, un comité spécial était formé à Lille pour
organiser un pèlerinage à Paray-le-Monial. La Commission n'eût donc qu'à seconder cette heureuse initiative.
Le jeudi 22 mai, fête de l'Ascension, M. l'abbé Lecomte,
doyen de Saint-Maurice, bénissait la riche bannière que
les pèlerins devaient déposer à Paray-le-Monial au nom
du diocèse. Peu de jours après, 350 pèlerins, la plupart
de Lille, s'agenouillaient au berceau de la dévotion
au Sacré-Cœur. Ils y étaient suivis par les pieuses aspi-
rations de 20,000 personnes des archidiaconés de Dunkerque, Hazebrouck, Lille, Douai, Valenciennes et
Cambrai, dont les noms étaient déposés dans un livre
magnifiquement relié.

Mais bientôt se leva la sainte journée du 20 juin. Toute
la France catholique s'était donné rendez-vous à Paray-
le Monial. Les diocèses de Cambrai et d'Arras ne pou-
vaient y manquer.

A peine les pèlerins du 5 juin avait-ils quitté Lille
que déjà, sur l'initiative de la Commission des pèlerinages, les listes d'adhésions étaient ouvertes à Lille,
Arras, Douai et Boulogne-sur-Mer. Le nouveau pèlerinage
devait être composé uniquement d'hommes, et s'élever
au chiffre de 600, chiffre rapidement atteint. On dût
même refuser des demandes.

Le jeudi 19, au matin, 600 pèlerins partaient de Lille,
d'Arras, Saint-Omer, Boulogne-sur-Mer et d'autres villes
intermédiaires, se rendant à Paray-le-Monial.

M. l'abbé Proyart, vicaire-général, et Mgr Scott, doyen, remplaçant Mgr Lequette, présidaient la députation du diocèse d'Arras qui comptait au moins 200 pèlerins. Quelques heures après, un grand nombre d'entr'eux, portant fièrement l'emblême du Sacré-Cœur sur la poitrine, traversaient les rues de Paris à pied pour se rendre à la gare du Chemin de fer de Lyon.

De 6 heures à 10 heures du soir, des trains se succèdent à courte distance. A 7 heures du matin, on est en vue de Paray le Monial ; le *Magnificat* sort de toutes les poitrines et les pèlerins foulent la terre bénie où, il y a deux siècles, Notre Seigneur Jésus-Christ révéla les mystères de son divin Cœur.

Que ne puis-je vous redire, Messieurs, cette incomparable journée ! Que ne puis-je vous faire suivre par la pensée ces longues files d'hommes graves, recueillis, au regard brillant d'un saint enthousiasme qui, rangés autour de leur bannière, se rendent à l'allée des platanes, pour y assister à la Messe Pontificale !

Les bannières d'Arras et de Boulogne marchent à la tête, puis suivent des ex-votos particuliers, et enfin le magnifique cœur en vermeil, offrande des deux diocèses Plus tard, on parcourt à pas lents le jardin de la Visitation, ce Gethsemani du saint amour, et l'on atteint enfin le bosquet révéré où notre divin Rédempteur a dévoilé aux yeux de Marguerite Marie « ce cœur qui a tant aimé les hommes. »

Qu'importent aux pèlerins du Nord la fatigue, la chaleur, les privations ; ils ont touché les lieux sacrés, but de leur lointain pèlerinage, ils sont heureux !

« Sauvez Rome et la France par votre Sacré-Cœur »

tel est leur refrain. Quelques instants encore, et vous les verrez rangés de nouveau autour de l'autel rustiqne qu'ombragent les bannières des sanctuaires de France, auxquelles sont venues se mêler tristement deux bannières voilées de deuil, celles de Metz et de l'Alsace.

Les anciens zouaves pontificaux, leur glorieux chef en tête, sont rangés aux pieds de l'autel. Soudain le silence s'est fait. Mgr de Marguerie, ancien évêque d'Autun, a prononcé la consécration solennelle de la France au Sacré-Cœur. « Oui Jésus-Christ est notre roi ! s'écrie l'éloquent prélat. — Oui Jésus-Christ, est notre roi ! ont répondu des voix innombrables. » Sublime élan, Messieurs, qui, le 20 juin 1873, restituait à Jésus-Christ son royaume de France !

Mais comment parler de retour, quand il s'agit de lieux aimés, portes du paradis, où tout cœur chrétien voudrait se fixer pour toujours !

Permettez-moi donc, Messieurs, de me transporter, sans autre transition, des côteaux de la Bourgogne aux riants vallons de l'Artois. Là encore, nous entendons des hymnes saintes, des chants de fête, des prières pour Pie IX et la France. Là flottent encore au vent nos bannières bien aimées. Nous sommes à Amettes, devant le berceau du plus pauvre et du plus humble des serviteurs de Dieu. Sur l'invitation pressante de S.G. Mgr l'Evêque d'Arras, plus de vingt mille pèlerins sont accourus dès l'aurore. On les voit de loin avancer dans la prière et le recueillement, tantôt sur deux files et tantôt en groupe, le long du chemin qui relie Lillers et Amettes. Là, ils sont accueillis en frères par la commission des Pèlerinages d'Arras. Un autel a été dressé devant la maison du bienheureux. C'est là qu'a lieu la Messe Pontificale. Quelques instants après, Mgr

l'Evêque de Limoges et Mgr Lequette rediront succes-
sivement la raison d'être des pèlerinages et les humbles
grandeurs du bienheureux Labre. Plus tard, les pèlerins
des deux diocèses parcourront les sentiers ombragés où
s'essayèrent les premiers pas du patron des pèlerins mo-
dernes, et enfin, disant adieu à ces lieux si dignes par
leur grâce et leur simplicité d'être le berceau d'un saint,
ils regagneront, au chant des cantiques, leurs demeures
lointaines.

Le mois des pèlerinages vient solliciter bientôt l'activité des comités. Tandis qu'à Boulogne, la plupart des
communautés religieuses et un grand nombre de familles
chrétiennes célèbrent ces pieux exercices, à Lille, le mois
des pèlerinages est établi sur une vaste échelle. Par les
soins du Comité, le 22 juillet et le 20 septembre, une messe solennelle est célébrée dans toutes les églises de la
ville. A la Basilique, messe et salut tous les jours, et,
trois fois par semaine, d'éloquentes prédications y atti-
rent une affluence considérable.

Le mois d'août est arrivé avec son cortége de touchants
anniversaires. Pendant la seconde quinzaine de ce second
mois de Marie, Cambrai, Arras, Boulogne-sur-mer et
Saint-Omer vont rivaliser d'amour et de zèle envers la
Reine des Cieux.

Vous avez lu, Messieurs, la relation de la grande mani-
festation religieuse présidée par notre bon et pieux pasteur
Mgr l'Evêque d'Arras, qui eut lieu, le 17, à Boulogne-
sur-mer. Vous avez suivi en pensée cette longue et impo-
sante procession, avec ces marins se disputant l'honneur
de porter sur leurs robustes épaules la Vierge, leur
patronne particulière *(patrona singularis)*, ces pêcheuses

au costume pittoresque, les bannières désignant chacune des nombreuses confréries, ces hommes au maintien pieux et recueilli, et la population se pressant calme et respectueuse, autour de ce magnifique cortége. Vous avez envié cette quinzaine de pèlerinages, souvenir vivant de la piété du vénéré Monseigneur Haffringue et pendant laquelle près de vingt-cinq mille pèlerins, les uns appartenant au Boulonnais et à l'Artois, d'autres, à des régions plus lointaines, sont venus s'agenouiller aux pieds de Notre-Dame de Boulogne.

Mais que vous dire, Messieurs, du pèlerinage de Notre-Dame-de-Grâces à Cambrai, où rien n'a manqué de ce qui élève l'âme et la purifie, rien, pas même la douleur ! Ecartons des souvenirs encore pleins d'angoisses, pour ne songer qu'à la protection merveilleuse dont Notre-Dame de Grâces a couvert notre vénéré Pasteur, et prions-la qu'elle rende bientôt aux conseils de la Patrie cet homme courageux, ce chrétien indomptable, dont en ce moment nous regrettons si vivement l'absence.

Lourdes va clore bientôt la série de nos grands pèlerinages. Sur la demande du plus zélé des prélats, le Comité d'Arras en prend l'initiative. Nos premiers hommages ont été pour Notre-Dame de Chartres, pour cette Vierge-Mère annoncée à nos premiers parents, *Virgo paritura*. Nous nous rendons maintenant aux pieds de Marie vénérée dans sa prérogative la plus ancienne et la plus nouvelle, à Lourdes, aux pieds de l'Immaculée-Conception.

Le 29 septembre, fête de saint Michel-Archange, protecteur de la France, deux trains spéciaux entraînent

vers Lourdes les pèlerins du Nord et du Pas-de-Calais,
placés sous la haute et paternelle direction de S. G.
Mgr l'Evêque d'Arras. Buglose, Lourdes et Issoudun,
c'est-à-dire le berceau de la charité, la grotte bénie de
l'Immaculée-Conception et le sanctuaire élevé à l'amour
de Marie pour les hommes, telles sont les étapes de ce
dernier pèlerinage. 1,200 pèlerins ont répondu à l'appel
de Mgr Lequette. Tant de foi et de courage, vont trouver
leur récompense.

Vous l'avez su, Messieurs ; une pauvre fille, Barbe
Canelet, née à Cambrai, s'était glissée péniblement parmi
les pèlerins. Une tumeur considérable lui avait fait
perdre depuis longtemps l'usage d'une jambe. Déclarée
incurable, elle s'était dit : « Notre-Dame de Lourdes me
guérira » et elle était partie. Arrivée devant la sainte
grotte, elle but quelques gouttes de l'eau miraculeuse et
pria quelques instants avec ferveur, puis elle fit un acte
de foi et dit à la Sainte-Vierge ces simples paroles :
« Marie, guérissez-moi. » A l'instant tombant à genoux
elle s'écrie « Miracle ! » et, se relevant seule, elle dépose
ses béquilles en ex-voto et se retire complètement guérie.
La tumeur était disparue, et la jambe paralysée avait
recouvré le mouvement. Quoi d'étonnant d'ailleurs ?
Les pèlerinages à Lourdes, ne sont-ils pas autant d'actes
de foi en l'Immaculée-Conception de Marie, et, par cela,
en l'infaillibilité pontificale, et les innombrables miracles
qui s'y opèrent, que sont-ils ? sinon la récompense de la
promulgation de ces deux grands dogmes et le témoi-
gnage sensible de leur réalité. Oh ! Messieurs, que le
champ du merveilleux chrétien est immense, ce champ
qui n'a d'autres limites que celles de la bonté de Dieu!

Après vous avoir entretenu de nos grands pèlerinages, que ne puis-je, Messieurs, vous parler en détail de nos nombreux pèlerinages locaux ! Que ne puis-je vous mener, le 15 août, à Arras, où la piété de notre digne pasteur acquitte le tribut légué par la reconnaissance de nos pères à Notre-Dame des Ardents ; le 16 juillet, à Notre-Dame de la Marlière, où les pèlerins des décanats de Roubaix et Tourcoing se pressent au nombre de quinze mille ; avant tout, à Notre-Dame de la Treille, la patronne tutélaire de cette hospitalière cité où, le 18 mai, les conférences de St-Vincent-de-Paul du Nord et du Pas-de-Calais, nos précurseurs dans l'œuvre des pèlerinages, nos maîtres dans la foi et la charité chrétienne, se pressaient en foule autour de nos premiers pasteurs ! Que ne puis-je m'étendre, Messieurs, sur les pèlerinages de Notre-Dame de Liesse, de Dadizeele, d'Armentières, de St-Omer, à Notre-Dame des Miracles ; de Valenciennes, d'Ennetières-en-Weppe, d'Isbergue, de Ste-Philomène à Créquy, de Notre-Dame de Bonne-Fin, de Notre-Dame de la Salette à Saugny, Lagnicourt et les Barraques, et enfin de Notre-Dame de Loos, où nous retrouvons le souvenir de cette admirable comtesse de La Grandville, dont ces murs nous disent aujourd'hui, mieux que je ne saurais le faire, la foi sans pareille et l'inépuisable charité !

Mais le temps presse. Laissez-moi, avant de terminer ce rapide tableau, suivre d'un dernier regard ces reliques vénérables, restes sacrés des premiers apôtres du nord de la France, qui vont, escortées de nombreux pèlerins, recevoir à Tournai les hommages de nos frères de Belgique. Ah ! Messieurs, vous les avez vus ces hommes au cœur libre et constant qui savent mettre au service de la prière une ardeur toute française et un esprit d'organisation, que parfois, — soyons à la fois humbles et sincères, — nous pourrions leur envier.

Et maintenant j'ai dit ! Mais n'oublions pas, Messieurs, que la reconnaissance est une vertu éminemmént française et avant tout catholique. Hommage donc et reconnaissance, au nom de tous les pèlerins du Nord et du Pas-de-Calais, à Leurs Grandeurs NN. SS. l'Archevêque de Cambrai et les Evêques d'Arras et de Lydda qui, non contents d'assurer le succès de nos efforts par leurs abondantes bénédictions, nous ont éclairé de leurs conseils et souvent ont guidé nos pas. Reconnaissance aussi aux autorités civiles qui ont fait respecter fermement la liberté du bien, et aux administrateurs des chemins de fer du Nord et d'Orléans qui ont secondé avec une complaisance infatigable nos pieuses entreprises.

Messieurs, l'année présente a été l'année de la supplication ; l'année prochaine sera celle de l'action de grâces. Pèlerins du Nord et du Pas-de-Calais, donnons-nous donc de nouveau rendez-vous à Amettes, Cambrai, Lille, Arras, Boulogne-sur-Mer, St-Omer, Paray-le-Monial, la Salette et Lourdes, lieux bénis où la grâce de Dieu coule si abondante, et, d'ici-là, pratiquons fermement notre devise *Christo Domino servire* !

Il me reste à vous donner connaissance des Vœux qui vous sont proposés par la commission des œuvres de prière au sujet des pèlerinages. Ils sont formulés ainsi :

1° Considérant qu'il est indispensable, d'une part, d'organiser, dans la mesure possible, le mouvement des prières publiques, intercession si agréable à Dieu et, par cela même, si utile à nos populations; de l'autre, de resserrer les liens qu'une commune participation à certains pèlerinages a établis entre les fidèles des deux diocèses, la commission émet les vœux suivants :

Qu'avec la haute approbation de NN. SS. les Evêques il soit provoqué, chaque année :

Un pèlerinage commun aux deux diocèses vers l'un des sanctuaires *nationaux* de France ;

Un pèlerinage *régional* également commun aux pèlerins des deux diocèses vers l'un des sanctuaires de notre province ecclésiastique, de manière que ce sanctuaire, désigné à l'avance, soit choisi alternativement dans les deux diocèses.

Le choix du sanctuaire résultera de l'entente des commissions de pèlerinage, et sera subordonné à l'approbation des deux Evêques.

2° Considérant que, les pèlerinages étant une œuvre pénitence et de mortification, les pèlerins doivent se pénétrer de l'esprit de patience, de charité et de pauvreté volontaire, la commission des œuvres de prière émet le vœu :

Que les pèlerins évitent avec soin, dans les gares et le trajet, toute altercation avec les employés; qu'ils sachent attendre avec patience et, autant que possible, éviter tout tumulte ;

Que, sauf raison de santé, ils choisissent de préférence les wagons de 3ᵐᵉ classe, afin qu'entre tous les pèlerins s'établisse cette harmonie chrétienne qui doit régner entre personnes animées d'un même esprit et poursuivant le même but.

3° Considérant qu'une bonne et prévoyante organisation, est, après la grâce de Dieu, la première condition du succès de tout entreprise, la commission émet les vœux suivants :

Que, dans tout comité catholique, il soit formé une commission spéciale des pèlerinages ;

Que les membres de cette commission se pénètrent du réglement si complet publié par le Comité central des pèlerinages ;

Que cette commission fasse l'acquisition d'une bannière de pèlerinage, qui devienne pour les pèlerins, à la fois, un point de ralliement, et un étendard vénéré et aimé ;

Que les susdites commissions prennent toutes leurs mesures de publicité, six semaines avant l'époque indiquée pour le pèlerinage, et que, d'autre part, les adhésions des pèlerins soient envoyées aux comités assez longtemps d'avance pour que ceux-ci, n'étant pas pris au dépourvu, puissent conclure avec les administrations des chemins de fer, les conditions du voyage ;

Que les comités des pèlerinages fassent en sorte d'obtenir des compagnies de chemin de fer que les trajets se fassent dans les mêmes voitures, lorsque le parcours du pèlerinage nécessite l'emploi de diverses lignes de chemins de fer. Il serait à souhaiter, par exemple, que les trains spéciaux se rendant du Nord de la France à Lourdes, pussent faire ce trajet directement. On éviterait ainsi une occasion très sérieuse de désordre et d'indiscipline ;

Qu'avant le départ d'un train spécial, les directeurs du pèlerinage aient soin de numéroter les wagons, et que chaque carte de pèlerin porte un numéro pareil à celui du wagon où il devra prendre place ;

Que les directeurs des pèlerinages aient soin d'envoyer deux commissaires à l'avance au lieu des pèlerinages, afin de reconnaître l'endroit, connaître strictement l'ordre des cérémonies, les ressources matérielles qu'offre le pays, et fixer la place que le pèlerinage dont ils sont les délégués occupera dans les cérémonies générales;

Que les directeurs des pèlerinages régionaux et nationaux aient soin de faire imprimer, quelques jours à l'avance, une petite notice qui contiendra les recommandations générales que les pèlerins doivent observer dans l'intérêt du bon ordre et de l'édification, les prières à faire simultanément soit dans les wagons, soit dans les trajets à pied, l'ordre des cérémonies, lorsque l'on est arrivé au lieu des pèlerinages, un ou deux cantiques appropriés à la circonstance, et enfin, autant que faire se pourra, une courte indication sur le but et l'origine du pèlerinage auquel on se rend. Ces feuilles seront imprimées en assez grand nombre pour que chaque pèlerin puisse en recevoir un exemplaire gratuitement, ou du moins, à prix très réduit.

Les Directeurs des pèlerinages auront soin de choisir d'avance un certain nombre de commissaires qui veilleront au bon ordre et à la régularité et seront constamment aux ordres des directeurs. En résumé, les directeurs de pèlerinages s'imposeront un esprit de prévoyance et de dévouement sans bornes, et les pèlerins se rediront sans cesse qu'ils accomplissent non une partie de plaisir, mais une œuvre de pénitence et de mortification.

Tels sont les vœux que la Commission des œuvres de prières a l'honneur de soumettre à votre approbation.

Lille, imp. Lefebvre-Ducrocq.

www.ingramcontent.com/pod-product-compliance
Lightning Source LLC
Chambersburg PA
CBHW061457050726
47593CB00004B/1673